FRANÇOIS GAUZI

12 Signes & Chansons

B. SIRVEN
TOULOUSE — PARIS

12 SIGNES ET CHANSONS

12 ILLUSTRATIONS HORS TEXTE
ET 24 DANS LE TEXTE

B. SIRVEN

Imprimeur - Editeur

TOULOUSE - Rue de la Colombette, 76

PARIS - Rue des Petites-Ecuries, 30.

Tirage unique à 3oo exemplaires

sur papier vergé rosé.

N° 208

FRANÇOIS GAUZI

12 Signes & Chansons

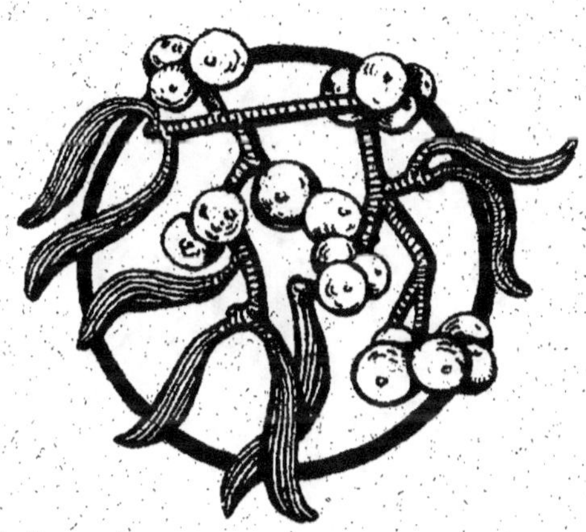

B. SIRVEN
TOULOUSE - PARIS

LE VERSEAU

CHANSONS DE JANVIER

I

Janvier apporte au nouvel an
Son cadeau, joli bouquet blanc,
Qui vole, tourbillonne en flocons ; c'est la neige.
La neige décevante fleur,

Faite de glace, sans odeur,
S'éclipsant au soleil, et que l'hiver protège.

Elle engourdit les champs déserts.
Masque figé sur les blés verts,
Elle en est la blafarde et froide gardienne.
Le bois frissonne et son front nu,
Couvert de givre, tout chenu,
Tolère avec émoi cette parure vaine.

Caches-tu la joie, ou le deuil,
Blanche neige, sous ton linceul
De l'inconnu mystérieux, pâle symbole.
Après nous s'égrènent les jours.
Nous poursuivons, dans ses détours,
Le destin, qui toujours invisible nous frôle.

Rencontrerons-nous le bonheur ?
Les vœux que forme notre cœur,
Et qui montent vers Dieu, notre souverain maître,
Seront-ils exaucés jamais ;
Ou bien ploierons-nous sous le faix
Du sort cruel, qui nous poursuit et frappe en traître ?

—

II

Bravant le froid, fermons notre huis,
Tenons la chambre close.
Près de la cheminée, où la flamme reluit
Dans un écrin de braise rose,
Goûtons paisiblement le calme du foyer.
Le soir, lorsque la lampe brille,
L'enfant qui sur la table a fermé son cahier,
Avec sa grande sœur babille.
La mère brode, et de son fil naissent des fleurs.
L'une suivant l'autre, les heures
Tintent ; les heures douces chantent le bonheur,
Hôte discret de la demeure.

III

Voici des jouets, des bonbons
De chocolat, et des marrons
Glacés, fourrés, pâtes exquises ;
Nous sommes au mois des surprises.

★

En famille on « tire » le roi
Au hasard de la fève ;
Et le roi boit,
A sa reine, reine de rêve,
Qui dure l'espace d'un soir.
Le monarque sait son devoir ;
S'avançant vers elle, il l'enlace,
Galamment l'embrasse,
Et les baisers claquent bien fort.
Les convives joyeux, pour lors,
Les applaudissent en cadence,

Des deux mains, avec l'espérance,
Que parmi la gaîté du soir,
Aussi sur eux les baisers vont pleuvoir.

LE SOIR LORSQUE LA LAMPE BRILLE.....

LES POISSONS

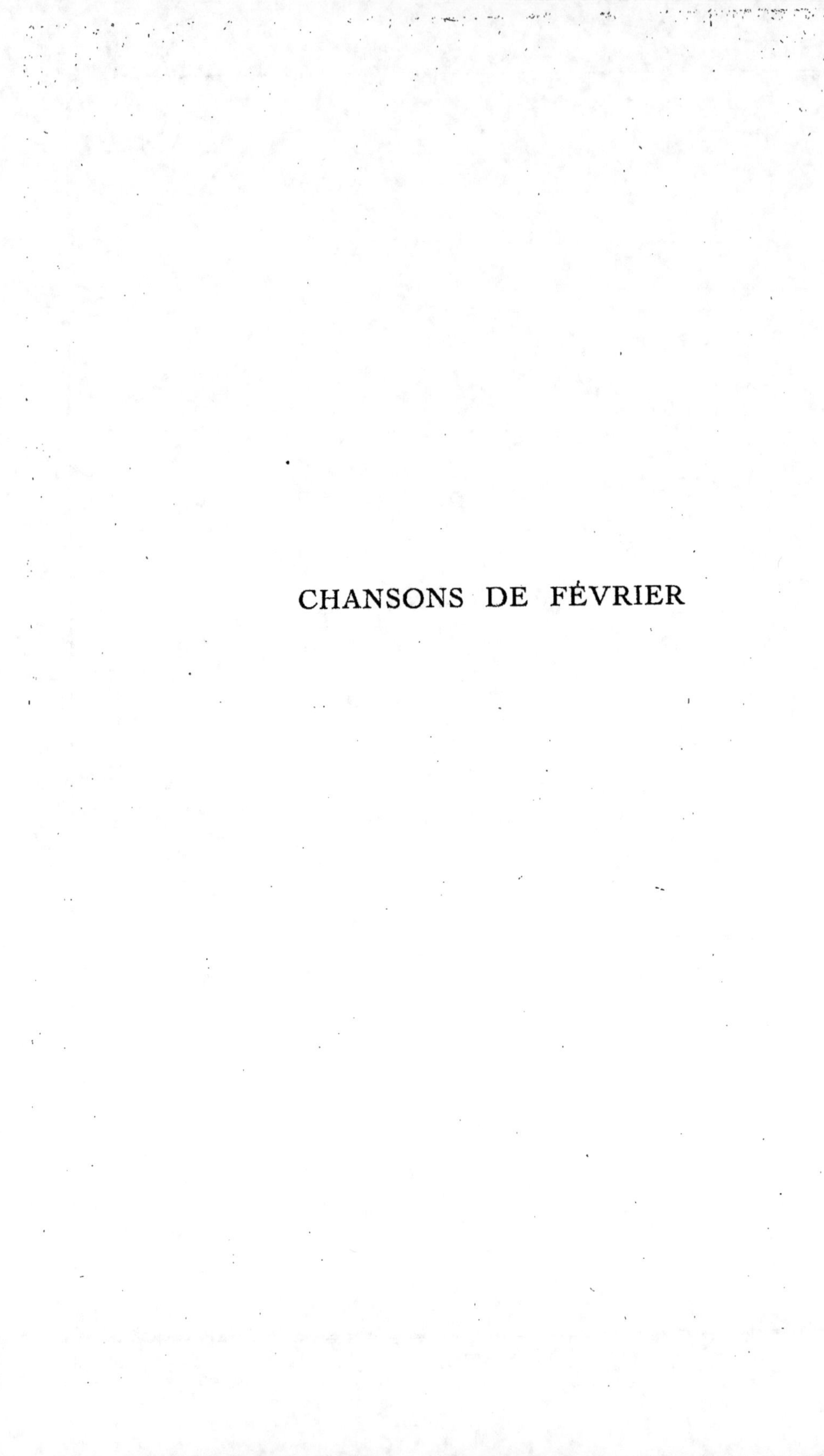

CHANSONS DE FÉVRIER

I

L'ombre cède à regret aux atteintes du jour,
     Mais restant sur la défensive,
     Le froid, qui loin à la dérive
Semblait parti, revient nous surprendre à rebours.

A l'abri de toute surprise,
Tassés, serrés, narguant la bise,
Les bourgeons engourdis attendent le soleil,
Le chaud soleil, venant en liesse,
Annoncer par une caresse,
La fuite de l'hiver, et l'heure du réveil.

★ ★ ★

La folie agite et fait bruire
Son hochet orné de grelots;
Le plaisir, éclatant de rire,
Tape au piano.
Il égrène les airs de danse;
De partout,
Eperdûment chacun s'élance,
Dans la cohue et le remous,
Parmi la lumière éclatante
Des salons, où les élégantes
Se pressent papillons du soir.
Colliers suspendus en sautoir,
Brillants aux doigts, la gorge et les épaules nues,

Elles dansent. En s'inclinant, elles saluent
Dans les lanciers, suivis bientôt
Par le fox-trot et le tango.
Et l'éternel désir, appelé par le prône
De la chair en émoi, vient et nous aiguillonne.
Il se montre, éclairant les yeux
D'une lueur fauve et troublante,
Et les lèvres que l'amour tente,
Dans un sourire radieux,
S'ouvrent humides pour l'offrande,
Sur des perles, blanche guirlande.

—

II

Au peuple, en admiration,
S'offrent les pierrots, les pierrettes,
Chie-en-lit, au nez de carton ;

Dans la rue, au son des trompettes,
Petits et grands, tous font la fête.

Masqué, s'avance Carnaval,
Un gros homme bourré de paille,
Qui pour bombances et ripaille,
N'a jamais connu de rival.
A toutes les portes il frappe ;
Gourmand, il préside l'agape.
Pour lui, la cuisine s'emplit ;
La cheminée, arde et reluit,
Et la dinde grasse rôtit.
Légères, fines comme un voile,
Les crêpes sautent dans la poële ;
Du vin blanc saute le bouchon.
Le gros sire, dans son bedon,
Entasse saucisse et jambon ;
       Franc ivrogne,
Il adore rougir sa trogne,
Puis, il pratique sans vergogne,
Le cancan et le rigodon.
— « Mais ce roi vraiment exagère !
A seule fin qu'il se modère,
Il faut détrôner le barbon ».
Un mercredi nous fait entendre,
Que nous serons réduits en cendre,
Et ce jour inflexible loi,
Voit tous les ans la fin du roi.

Carême accourt, vengeur austère,
Il attaque, met à mal,
Occit le pauvre Carnaval,
A coups pressants de maigre chère.

LES CRÊPES SAUTENT DANS LA POËLE.....

LE BÉLIER

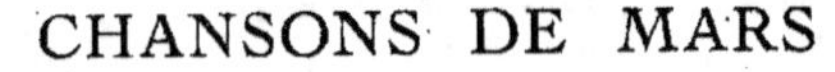

CHANSONS DE MARS

I

Ouvre tes yeux voilés, éclaire tes paupières
Lourdes et qu'assombrit encore le sommeil.
Dans un ciel de lapis s'allume le soleil,
Et de ses chauds rayons il caresse la terre.

Dans la plaine le froid se meurt :
Ce que tu vois c'est un mirage ;
La neige habite les nuages :
Les buissons noirs sont blancs de fleurs.

La glace avec le givre ont bouclé leurs bagages.
Lorsque le Printemps naît derrière un rideau vert,
Mars, le jeune guerrier, cherche noise à l'hiver,
Qui s'enfuit à regret, blême et tremblant de rage.
    La neige a retrouvé ses sœurs ;
    Sur les branches elle est tombée,
    Et le soleil l'a fécondée :
Les buissons noirs sont blancs de fleurs.

Suivi de son Grand Chien, sur la piste laiteuse,
Orion, roi des chasseurs, ne poursuit plus le cerf.
Il jette son bâton d'étoiles dans l'éther,
Et s'affaisse, lassé par sa course fougueuse.
    Accourez rejoindre vos sœurs,
    Tombez, en scintillant cortège,
    Tombez, les étoiles de neige :
Les buissons noirs sont blancs de fleurs.

II

Fuyant tout droit, comme des émigrés,
Qu'un sinistre envahisseur chasse,
Et qui vaincus demandent grâce
En tombant, hâves et lassés,
Harassés ;
Ainsi vont en butte aux outrages
Du vent,
Rapide et cinglant,
Dans le ciel, les mouvants nuages.
Mais à la fin, pareils aux gueux,
En lambeaux, brisés de fatigue,
Ils s'effondrent sur la garigue,
Laissant à leur place un trou bleu.
Le soleil parmi la nuée
En déroute, a fait sa trouée.
Il apparait, brillant vainqueur.
Aussitôt, partout on l'invite,
La fenêtre s'ouvre bien vite,
Pour le traiter avec honneur.
Dans le gai rayon, la brodeuse,
Songeuse,
Rêve à l'inconnu de l'amour,

Tandis que l'aiguille chemine
Le long du métier, et dessine
La fleur au délicat contour.

★

Sans chaleur, ni rien qui l'éclaire,
Solitaire,
La cheminée attend le soir
Pour s'animer, à l'heure ou l'ombre,
Lentement, comme un voile sombre,
Tombe du ciel noir.
On la délaisse, on l'abandonne
Volontiers, tout le long du jour,
Puisque le Printemps à son tour
Nous sourit, et partout fleuronne,
Piquant sur son capuchon vert,
Un bouquet, rose, jaune et pers.

Au chaud soleil qui les festoie,
Gonflés de sève, les bourgeons
En s'évadant de leurs prisons,
Grands ouverts, éclatent de joie.
Heureux de vivre, les oiseaux
Parmi les buissons et les prêles,
Pépiants, agitent leurs ailes.
Les fleurs naissent près des ruisseaux.

La primevère s'endimanche,
Le perce-neige, la pervenche
Parsèment forêts et vallons.
L'amandier dépouillant ses branches,
Abandonne au vent ses fleurs blanches,
Qui volent, légers papillons.

DANS LE GAI RAYON LA BRODEUSE.....

LE TAUREAU

CHANSONS D'AVRIL

I

Invisible, vole un génie.
De l'aile effleurant la prairie,
Il laisse choir à l'abandon
Une poussière d'émeraude.

Alors, dans l'atmosphère chaude
Les fleurs se lèvent à foison.
Les voici, belles amoureuses,
Qui pour inspirer le désir,
Au plus vite vont se vêtir,
De mille couleurs merveilleuses.
Sous la caresse du soleil
Qui les surprend à leur réveil,
Elles s'ouvrent d'amour pâmées,
        Bien aimées.

L'anémone bleue apparaît;
Elle a devancé le muguet,
Fétiche, et présage de fête.
Avec nous, timide et discrète,
        La violette
Se promène au bord du sentier;
Mais, si jalouse elle dérobe
Les replis mauves de sa robe,
Son parfum vient les révéler.
        Les renoncules,
Déposent leurs paillettes d'or,
Tout près, bien près de l'eau qui dort,
Sous la garde des libellules.
Et nous aimons ces fleurs des champs,
Les humbles comme la plus belle,
Annonçant l'union éternelle
De l'amour avec le Printemps.

* * *

Ouvrez-vous et tintez, cloches d'azur, jacynthes :
Naissez dans les jardins, belles clochettes d'or,
Tulipes, et d'Avril chantez la douce étreinte.
Vous, jonquilles des bois, sonnez, sonnez du cor.

*

Bien aimée, hélas ! je t'attends !
Mon cœur s'alanguit de tristesse.
Je suis seul et dans ma détresse,
Je me consume en t'appelant.

Bien aimée, offre-moi tes lèvres ;
Mets ta douce main dans ma main.
Pourquoi remettre au lendemain
Les espoirs, palpitants de fièvre ?

Bien aimée, ouvre tes yeux pers ;
Par eux je lirai dans ton âme,
Et saurai si la tendre flamme,
Brûle dans ton cœur qui m'est cher.

—

II

Les cloches du clocher, tintent et carillonnent;
Elles sonnent, elles frissonnent
De bonheur.
Dans l'allégresse de leur cœur,
En se balançant, elles sonnent.

Le Christ, divin flambeau,
Ardente flamme,
Le Christ est sorti du tombeau.
Prions-le de toute notre âme,
Ce Dieu de toute bonté,
Otage et victime du drame
Rédempteur, Christ ressuscité.
Prions-le, prions-le encore
Ce doux et puissant Sauveur,
Il bénit, donne le bonheur,
A qui l'implore.
Vers nous étendant ses bras
Marqués de l'empreinte sanglante,
Charitable, il guide nos pas
Et notre volonté dolente.
Il exaucera nos désirs;
Les jours nouveaux verront fleurir
L'apaisement sur toute chose.

Cloches, sonnez le grand Pardon,
La merveilleuse apothéose,
Pâques, et la Rédemption!

LES CLOCHES DU CLOCHER, TINTENT
ET CARILLONNENT.....

LES GÉMEAUX

CHANSONS DE MAI

I

Du soleil la claire fanfare
Vient de sonner; accourez tous
Jeunes amoureux et vieux fous,
Qu'Eros sournoisement égare.

* * *

Voici Mai semant les fleurs :
Les fleurs blanches, riantes,
Très vaporeuses, pour le sourire des cœurs
Unis,
Les fleurs rouges, ardentes
Et capiteuses, pour le délire des cœurs
Épris,
Les fleurs jaunes, galantes,
Toujours trompeuses, pour le martyre des cœurs
Meurtris.

—

II

Voici Mai portant l'amour,
L'amour aveugle et redoutable,
L'éternel et puissant amour;
L'amour cruel qui nous accable
    En nous charmant.
Il bande un arc, de ses mains frêles,
Lorsque il vient, joli, sur ses ailes
Nous visiter en souriant.
Il donne la joie éphémère;
Ensuite il tend la coupe amère,
Et nous buvons l'affreux poison
Qui dessèche nos lèvres blêmes.
Nos dents claquent dans un frisson.
Effrayé par nos anathèmes,
Le sommeil loin de nous s'enfuit,
Laissant ouvertes nos paupières
Humides de pleurs dans la nuit.
En proie aux plus sombres chimères,
La fièvre en traître nous saisit,
Et la cruelle et longue attente
    Hésitante,
Nous brise d'une étreinte lente.

*   *
   *

Mais, lorsque langoureux, des yeux bleu de saphir,
        A travers la dentelle blonde,
        Des longs cils, mouvants comme l'onde,
Dans nos yeux extasiés ont miré leur désir ;
        Notre esprit à l'instant s'affole,
        Tout chagrin s'envole,
L'espoir, le doux espoir survient pour nous guérir.
Plus rien n'existe en dehors d'elle, la plus belle
D'entre toutes, la chère idole, l'éternelle
        Amante enjôleuse des cœurs.
        Maîtresse aux sourires charmeurs,
Sirène à la voix d'or, tendrement elle épelle,
        L'alphabet riant de l'amour ;
        Et ses lèvres ▪▪ s'entr'ouvrent pour
Savourer du baiser la caresse jumelle.

*

Mai perfide, embaume les cœurs.
Les amoureux, les amoureuses,

Se grisent d'effluves trompeuses.
L'amour est né parmi les fleurs.

VOICI MAI SEMANT LES FLEURS

LE CANCER

CHANSONS DE JUIN

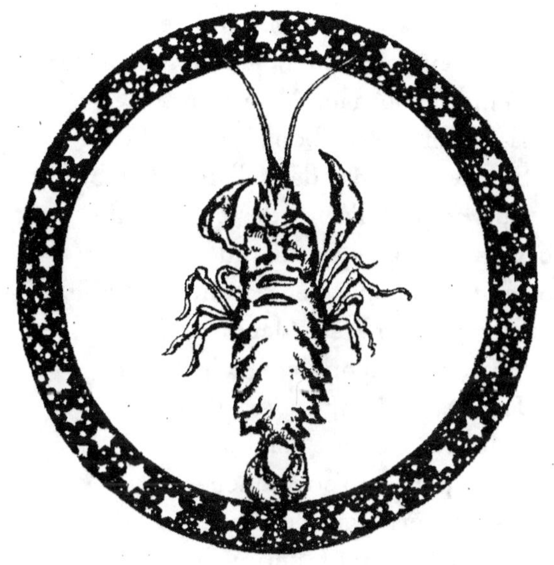

I

Hors de leurs nids, en hésitant,
S'élancent, les ailes au vent,
Le chardonneret, la mésange
Et le pinson.

Ils ignorent le vol étrange
Du faucon,
Qui tourne en rond,
Tout près du ciel, et qui les guette
Les yeux perçants, les serres prêtes.
Dans le bocage, insouciants,
Ils chantent le bonheur de vivre
Sur les arbres, dans l'air, où vibre
Pur cristal, l'écho de leurs chants.
Sans curiosité ni sans inquiétude,
Ils observent la faucheuse, pesante et rude,
Qui promène ses dents de fer
Dans la prairie; et l'opulente chevelure,
Tombe, s'allonge avec l'allure
D'une vague qui s'effrite au bord de la mer.
La superbe toison fauchée,
Sur la terre gît desséchée,
Pantelante, tout imprégnée
Encore de l'odeur
Mourante de la fleur.

—

II

L'enfant parti pour la bataille,
Bien armé, tenant une paille,
Dans son trou poursuit le grillon.
Capturé, l'insecte est en cage.
Le prisonnier, vraiment un sage,
Malgré tout, chante sa chanson.
Il a trouvé pour compagnon,
Le cerf-volant que l'air appelle.
Bourdonnant, agitant les ailes,
Habillé de noir et cornu,
Celui-ci vole vers la nue
Cherchant sa liberté perdue,
Au bout d'un fil long et ténu.

★

Sur l'arbre, la rouge cerise,
La fraise sur la terre grise,
Ont mûri, délicats primeurs.

Il est permis de se méprendre,
De loin, encore on peut les prendre
Pour des fleurs.
La cerise au sommet des branches,
Bouquet qui s'offre et qui se penche,
Et la douce fraise des bois,
Heureuse dans son nid de feuilles,
Où, soigneusement on la cueille
Du bout des doigts.

—

III

Dans des robes, où les dentelles
Ont incrusté leurs entre-deux,
Les jeunes femmes, les jeunes filles, entre elles,
Goûtent sur l'herbe aux fruits délicieux.
Elles jabotent,
Sur le choix de cadeaux, de manteaux, d'oripeaux,

D'après les pages des journaux,
Et puis parlotent
Sur la mode et les chapeaux.

LE LION

CHANSONS DE JUILLET

I

Large et mouvante nappe d'or,
La moisson recouvre la plaine ;

L'épi s'incline, et dans sa gaîne
Le grain mûrit en Messidor.

Les moissonneurs, avant l'aurore,
Sont partis pour faucher les blés,
Et. le soir les trouve courbés
Sur la faux, qui s'agite encore.

Chemise ouverte, les bras nus,
Les travailleurs avec cadence,
A pas égaux, mènent la danse,
La danse des blés chevelus.

Hardi les gars; la prise est belle,
Dans un râle tombe l'épi.
Femmes, suivez et sans répit,
En courant, liez les javelles.

Dans la combe et sur les côteaux,
Bientôt s'aligneront les gerbes,
Colliers de topazes superbes,
Elégants et riches joyaux.

—

II

Brûlant et lourd, l'air nous oppresse,
Tout nous invite à la paresse.
On a chaud, et dès le réveil,
On fuit l'implacable soleil,
Qui de tous ses feux nous accable,
Et dont l'ardeur infatigable
S'exerce rarement en vain.
Lorsque il tend ses brûlantes mains,
  Afin d'éviter l'atteinte,
  La brûlante étreinte,
Avec impatience on attend,
Et l'ombre amie, et les étoiles,
Et l'heure où Vénus se dévoile
Dans la pourpre et l'or du couchant.

★

* *

La rivière nous invite,
A venir chercher au plus vite
Sur ses bords, la fraîcheur de l'eau.
Mollement bercé, le bâteau
Se balance au bout de sa chaîne.
Toujours dispos à nous servir,
Il attend notre bon plaisir,
Et la promenade lointaine.
Partons armés du fin roseau ;
Nous saurons avec insistance,
                Et patience,
Prendre le poisson en défaut.
Observant le bouchon qui flotte,
Et dans le silence attentifs,
S'il enfonce, nous serons vifs
A lever le fil qui ressaute.

*

Dieu, qu'il fait chaud !
Acceptons l'invite de l'eau
        Limpide et courante,
Qui nous ravive et bienveillante
Nous caresse en s'enfuyant.

Elle fait signe gentiment.
Bas les habits ; tête première,
Dans un plongeon
Profond,
Nous ferons fuir le poisson,
Et nous connaîtrons le fond
De la rivière.

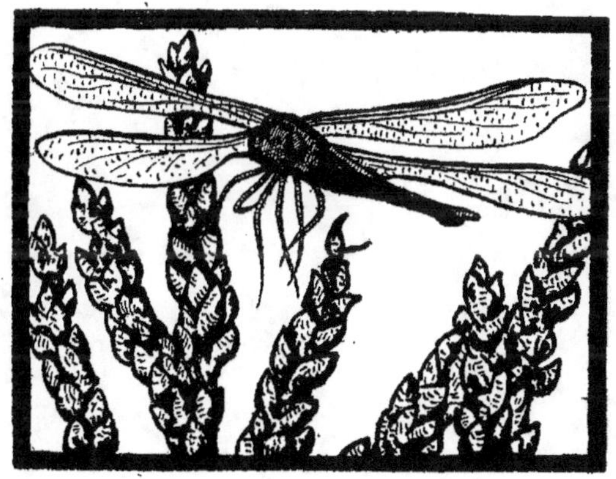

LA RIVIÈRE NOUS INVITE.....

LA VIERGE

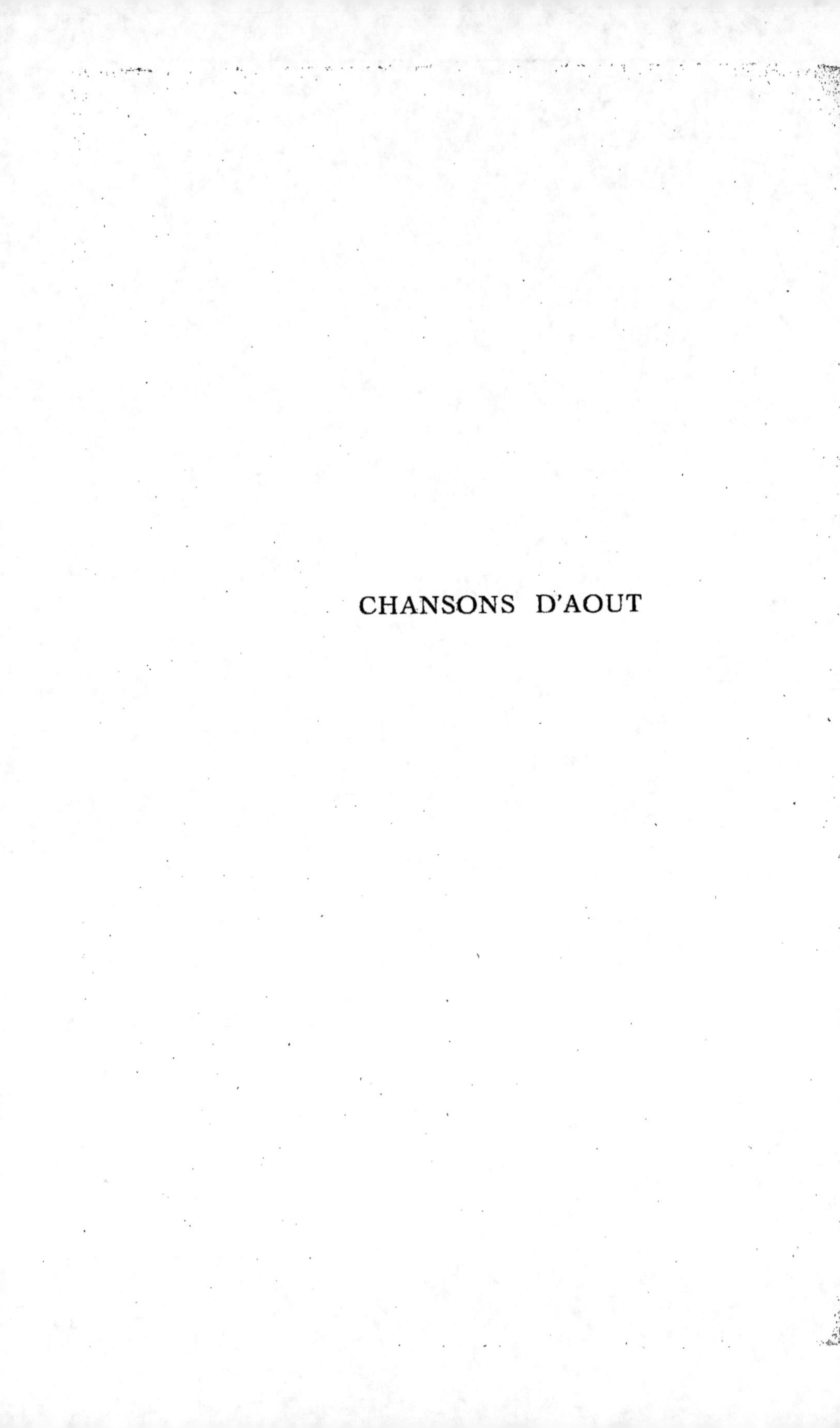

CHANSONS D'AOUT

I

Un soleil implacable anéantit la plaine,
Et les jours fatigués, déjà perdant haleine,
S'arrêtent las de trop courir.
Dans le verger, l'oiseau picore

Les fruits que la lumière dore,
Lorsque le jour va s'endormir.

L'amande, en sûreté dans la verte parure
Qui la protège, se découpe longue et dure
    Sur sa branche, comme un grelot.
    La prune de la Reine Claude,
    Se fendille, molle et bien chaude,
    Prête à nous payer son écot.

La treille aux muscats blonds, s'étire paresseuse
A l'abri d'un long mur. Volontiers généreuse,
    Elle offre ses grains aoutés,
    Suspendus en longues guirlandes,
    Doux appel aux lèvres gourmandes,
    Qui se tendent pour y goûter.

De jour en jour, le pécher doucement se penche
Alourdi par ses fruits, qui, vermeille avalanche,
    Tombent secoués par le vent,
    Sur le melon, lourd et obèse,
    Couché sur la terre, à son aise,
    Pour y dormir béatement.

II

L'eau du grand bassin s'alanguit, sans ride,
Et l'après-midi, c'est comme un miroir
Laqué de saphir, où le faucon noir
Se mire, en planant dans le ciel torride.

Les rameaux fleuris du souple jasmin,
Forment un berceau, pour bercer nos rêves.
Assis sur un banc, les heures sont brèves
Parmi les parfums, au fond du jardin.

Disque étincelant, flambe la corbeille,
Où la sauge pourpre et le géranium,
Unis tous les deux, comme un harmonium,
Vibrent dans le feu de lueurs vermeilles.

Sous le dur balai poussé par l'autan,
Mourante de soif, languit la pelouse ;
L'ocre la brunit, comme une Andalouse
Qui connut l'amour cruel d'un Don Juan.

III

Du ciel embrasé, le feu tombe
Sur nos membres lassés,
Torturés,
Avec angoisse appelant l'ombre
A leur secours.
Sur la ville une odeur malsaine
Traîne
Ses miasmes nuit et jour.
« Malades que le mal tenaille,
Et vous dont le cerveau déraille
Par de noirs présages hanté,
Evadez-vous de votre bagne,
Allez chercher sur la montagne,
L'air bienfaisant et la santé. »

Là, sous les rocs, naissent des sources qui sont fées,
Par elles, à l'instant, nos forces épuisées
Retrouvent leur vigueur ; mais lorsque s'enfuyant,
Elles nous laissent, désespérés, hésitants,
Alors il faut monter plus haut et vers les cîmes,
A travers les sentiers, côtoyant les abîmes,
Vers le silence et le chemin de l'infini.

Loin de tous, sur le causse aride et solitaire,
Notre esprit vagabond en domptant la chimère,
        Trouvera peut-être l'oubli.
Là, nous contemplerons, dans l'azur et la neige,
Les sommets des grands pics où vole l'aigle noir,
Et nous verrons, peut-être, au ciel s'il nous protège,
Dans le soleil levant, luire un rayon d'espoir.

LA TREILLE, AUX MUSCATS BLONDS.....

LA BALANCE

CHANSONS DE SEPTEMBRE

I

Hola ! chasseur boucle tes guêtres,
Décroche fusil et charnier.
Dans le taillis, au pied du hêtre,

Le lièvre gîte, familier ;
Dans le taillis au pied du hêtre.

Sur le guéret et loin du chien,
Les perdreaux à grand bruit s'envolent.
Au pâle soleil du matin,
Chante la caillette frivole ;
Au pâle soleil du matin.

Habillé de noir, comme un prêtre,
Le merle rit au coin du bois.
Il se gorge de sorbes blettes.
Né malin, joyeux comme un roi,
Il se gorge de sorbes blettes.

Maître lapin, dans le taillis,
Tu dresses tes longues oreilles.
Gare ! au lacet tu seras pris,
Si tu n'ouvres l'œil et ne veilles ;
Gare ! au lacet tu seras pris.

Hola ! chasseur garnis les douilles ;
Prends ton fusil de précision.
Si tu ne veux rentrer bredouille,
Vise bien, et surtout, sois prompt ;
Si tu ne veux rentrer bredouille.

II

Les raisins ont mûri. Blonds comme des grains d'ambre,
Ou reflétant la nuit,
Ils sont l'espoir du vigneron qui rit,
Et l'orgueil de Septembre.
Dans l'étroit cellier,
Les cuves sont prêtes
Et les seilles nettes.
Allons vendanger.
La blanquette est douce, et la folle blanche
Court le long des ceps, entourant la branche
D'un épais collier.
Toute noire, la négrette menue,
Gonfle ses grains dans la vigne touffue.
Montrant son dédain,
Le sémillion au subtil arome,
Méprise le gros pansu que l'on nomme
Le muscat Romain.
Soyons diligents, imitons l'abeille ;
Vite, butinons la grappe vermeille,
Et nous humerons la liqueur pareille
Au nectar sacré, breuvage des Dieux.
Mais hélas ! parfois, ce n'est là qu'un songe,

La déception vient, cruelle, et ronge
Notre cœur oppressé d'un émoi douloureux.

Un éclair a brillé, long ruban de lumière,
Et coup sur coup, en roulement rapide et fou,
L'ouragan déchaîne l'air, ébranle la terre,
Pâlit les femmes, met les enfants à genoux.
Jésus Dieu ! Dieu tout puissant, prends pitié de nous,
Ecoute notre voix, exauce nos prières,
Eloigne la tempête avec l'affreux remous
Du vent, et l'eau qui tombe transformée en pierre.
Vers les nuages menaçants,
Rouge de feu, partie en guerre,
En vain, la fusée, écho du tonnerre,
Va déchirer la nue avec un bruit perçant.
La grêle rebondit, hache la feuille verte
De la vigne, écrasant les beaux raisins sucrés.
D'innombrables débris, la terre est recouverte,
La récolte est perdue et les ceps lacérés.

★

Ah ! misère de misère,
Dieu maudit !
Tout le travail acharné de l'année
Sera-t-il vain, et notre peine gaspillée ?
Ah ! Dieu maudit,
Dieu de misère,

Impitoyable Dieu qui sans pitié détruis,
        Anéantis en moins d'une heure,
Tout le labeur des misérables, ici-bas ;
        Dieu de misère,
        Ah ! Dieu maudit,
Tout n'est-il donc sur terre, que malheur et leurre
        Et trépas !

ALLONS VENDANGER.....

LE SCORPION

CHANSONS D'OCTOBRE

I

La terre, à l'abandon, va bientôt rester nue
Et solitaire, car l'automne va finir.
  En vain, la feuillée étendue
  Sur la glèbe pour y mourir,

La recouvre de ses longs voiles ;
Cet abri trop léger, déchiré par le vent,
Va s'envoler, tourbillonnant,
Vers la nuée, ou les étoiles.
La pauvresse devra souffrir,
Eperdue,
La griffe de l'hiver, n'ayant pour se vêtir
Que la neige sur sa peau nue.

*

Dans la terre plus rien, on a vidé ses poches,
Son maître en la pillant a rempli sa sacoche.
Brutalement, comme un voleur,
Malgré ses cris, malgré ses pleurs,
Le paysan s'est rué sur elle.
Il a violenté la rebelle.
Maintenant, il compte ses gains.
Le maïs, qui porte ses grains,
Serrés en quenouille,
Tout au bout d'un épais roseau,
Les fèves, la grosse citrouille,
La betterave et le sorgho.
Sans souci, ni peur des rancunes,

Pour lui ravir ses pommes brunes,
Il l'a fouillée en l'éventrant
      Atrocement.

II

Sous la cendre cuit la châtaigne.
Elle éclate d'un pet joyeux,
Gonfle ensuite les ventres creux :
Le buveur d'eau, seul, la dédaigne.

Mais c'est un fruit très prisé, car
Il donne soif, sèche la bouche,
Et le gosier rendu farouche
Réclame à grands cris le pinard.

Durant les longs soirs de veillée,
C'est le plaisir des gais lurons,
Qui chantent les vieilles chansons,
Au chaud, contre la cheminée.

★

★　　★

Comme eux chantons.

★

De la lourde cuve déclose,
Le vin, parmi l'écume rose,
Coule à notre discrétion.
Buvons.
Il prolonge notre jeunesse,
Et sans souci de la sagesse,
Nous convie à suivre l'ivresse.
Chantons le cœur gai,
Le bon vin donne la santé.
Il augmente notre allégresse,
Buvons !
Loin de nous chassons la tristesse,
Chantons !
Si la terre nous fut avare,
Et nous refusa ses dons,
Buvons encor sans crier gare,
Le bon vin donne du ton.
Il fait les bras durs à l'ouvrage,
Au cœur il donne du courage.
Et si la dure adversité
Veut nous surprendre, l'insensée,

Alors, sans peur, le poing levé,
Grinçant des dents, tête baissée,
Tous, contre elle nous foncerons,
Et la vaincrons.
Buvons !

LE VIN PARMI L'ÉCUME ROSE.....

LE SAGITTAIRE

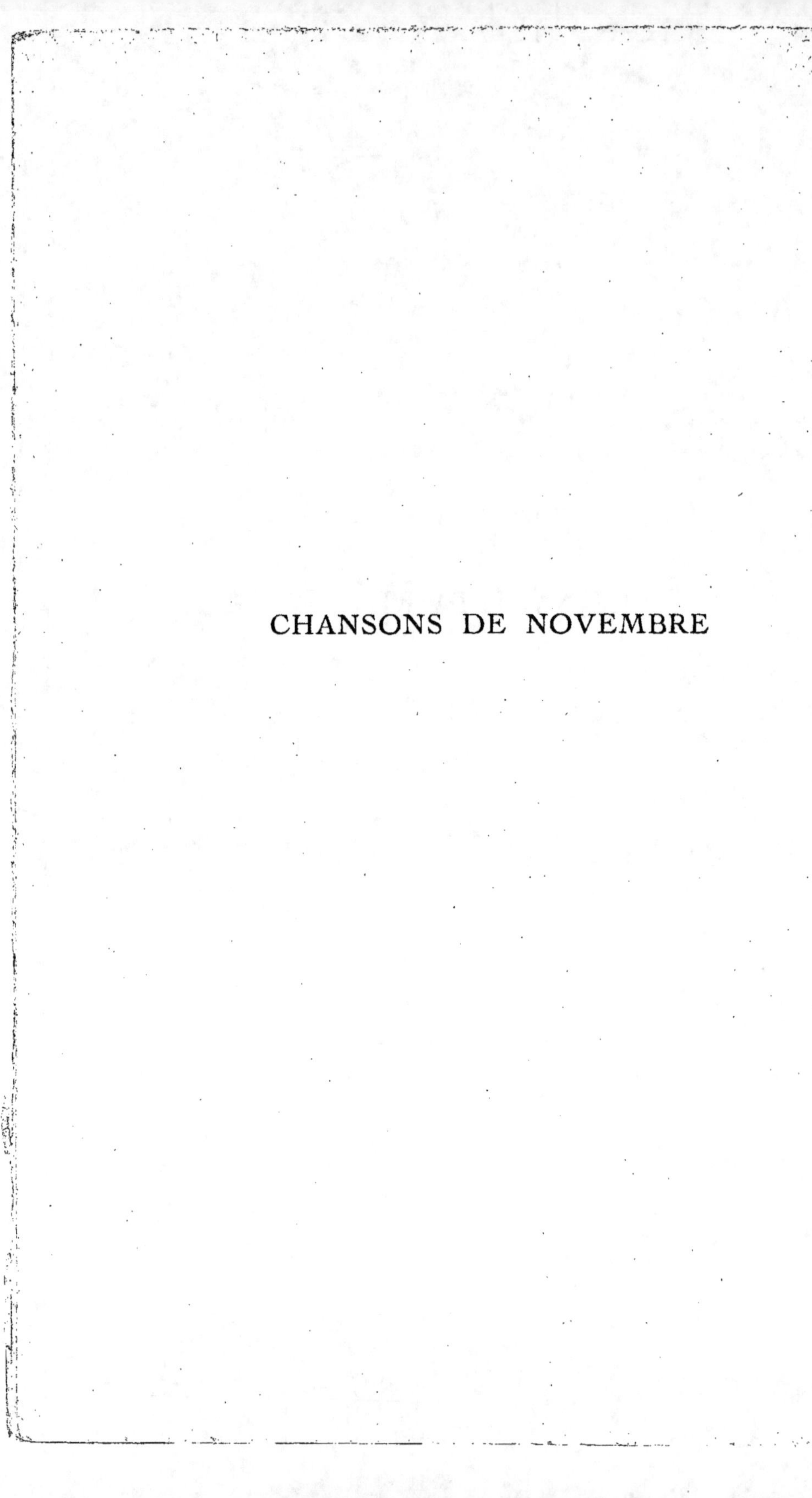

CHANSONS DE NOVEMBRE

I

Triste ! O triste le jour qui pleure !
L'or des feuilles s'en est allé ;
Et c'est le froid qui l'a volé.
Le glas, le glas sonne les heures.

★ ★ ★

Dans la brume, les bœufs avancent lentement,
Et le soc aiguisé pourfend
La terre humide, par le versoir chavirée,
De bout en bout bouleversée.
A son tour, le semeur entrant dans le sillon,
Sur le guéret, net et profond,
Abandonne son grain à la terre féconde.
Autour de lui sinistre ronde,
Tournent les noirs corbeaux, insolents maraudeurs,
Qui de leurs becs inquisiteurs,
S'en vont fouiller les champs, anéantir les graines,
Rendre la récolte incertaine.
On les poursuit, on tend des pièges ; c'est en vain,
L'oiseau reconnaît ces engins.
Mais, bientôt, lac d'hermine apparaîtra la neige,
Fille du ciel, et qui protège
Les semailles contre les méfaits des voleurs,
Sinistres oiseaux fossoyeurs.

—

II

Les nuages fondent en pluie.
Par les stagnantes flaques d'eau,
La plaine déserte, envahie,
Semble un lac au bas du coteau.

Mollement étendu, bercé par la paresse,
Le soleil muse dans son lit.
A son lever, il apparaît dans sa détresse
Comme un miroir d'argent terni.
Derrière un voile gris, la brume qui l'enserre,
Le retient, craintif prisonnier
Qui rase l'horizon, et demande à la terre
L'abri pour se réfugier.
Jouet des noirs frimas, il doit servir de cible,
Au givre, tenace vainqueur,
Venu, poudre fine, impalpable,
Inexorable,
Atrocement faire périr,
Sur les tombes, le chrysanthème,
Pieux hommage à ceux qu'on aime,
Et symbole du souvenir.

—

A SON TOUR LE SEMEUR.....

LE CAPRICORNE

CHANSONS DE DÉCEMBRE

I

La glèbe abandonnée attend silencieuse.
Morne et froide, on la fuit ainsi qu'une lépreuse ;
Tout est désert. Les arbres au bord du ruisseau,
Ont perdu leurs frondaisons folles ;

Plus aucune feuille ne vole,
Et les branches font un rideau
Ondoyant de fine dentelle,
Qui surgit au loin, noire et grêle.
L'air est glacé,
Le vent souffle, la neige tombe,
Les champs sont une vaste tombe
Où tout est triste et délaissé.

★ ★ ★

Chaque soir, au sein de la terre,
Le soleil se couche et s'endort
Dans le silence et le mystère,
Des pays ténébreux où triomphe la mort.
Et nous montrant ainsi la route souterraine,
Il nous engage à l'imiter,
A la suivre dans la cité
Des ombres, où la Nuit commande en souveraine.

II

Triste Décembre, où l'An se meurt,
O, mois funèbre, sans lumière et sans chaleur,
Mois redoutable,
Pourquoi viens-tu ;
Pourquoi dis-tu
Le charme de l'ombre impénétrable,
Et la paix du néant infini,
Qui délivre de tout souci,
De toute peine,
De l'amertume et des rancœurs.
Notre cœur,
Meurtri par une lutte vaine ?

III

L'heure fatale approche. Un lourd cercueil attend
Sous le drap noir, orné de la croix en argent.
La Mort est là. Dressons-nous tous ; sus à la gueuse :
Courage, nous vaincrons la Camarde, honteuse.
Elle croit nous tenir, mais glissant dans sa main,
Nous pourrons la narguer, elle ricane en vain.

★

Sous le chêne abattu, fauché par la tempête,
Les vivants rejetons, altiers lèvent la tête.
Sur la route, un vieillard, morne, le chef branlant,
Marche vers son destin, conduit par un enfant
Dont le regard sourit au Printemps qui s'apprête.
D'un stigmate de feu, l'étoile orne la nuit.
A l'heure où dans le ciel nacré monte l'aurore,
Dans le sein de la terre un appel retentit,
La pointe des cyprès d'une flamme se dore,
Et la graine a germé. S'évadant du tombeau,
Une petite fleur étrange, la Pensée,
Reflète dans le ciel sa couleur nuancée,
Que n'a pu balayer l'aile du nòir corbeau.

Malgré l'orgueil jaloux, en dépit de la haine,
Elle luit sur les blés et sur les mers lointaines ;
Partout elle s'épanouit dans son essor,
La fleur divine, l'immortelle âme des Morts.

.....DANS LA CITÉ DES OMBRES
OU LA NUIT COMMANDE EN SOUVERAINE.

TABLE DES ILLUSTRATIONS

TABLE DES ILLUSTRATIONS

DANS LE TEXTE

SIGNES

VIGNETTES

TABLE DES ILLUSTRATIONS

HORS TEXTE

1922